왕!왕초보를 위한

기타하프

한아고

편저 양강석

머릿말

기타하프 한아고 교본을 여러분께 소개하게 되어 매우 기쁘고 영광스럽습니다. 기타하프 한아고는 기타와 하프의 매력을 결합한 독특하고도 아름다운 악기로, 국내에서 개발된 새로운 악기입니다. 이 악기의 탄생은 음악의 새로운 가능성을 열었으며, 저는 이 교본을 통해 그 가능성을 많은 사람들과 나누고자 합니다. 기타하프 한아고는 그 자체로도 훌륭한 악기이지만, 음악 교육과 창의적 표현의 도구로서도 큰 잠재력을 지니고 있습니다.

이 교본을 집필하면서 저는 특히 세 가지에 집중하여 신경을 기울였습니다.

첫째, 누구나 이해할 수 있는 교본을 만드는 것입니다. 음악을 배우고자 하는 모든 사람이 기타하프 한아고를 쉽게 접근할 수 있도록 이 교본을 최대한 간단하고 명료하게 구성했습니다. 악보를 처음 접하는 사람들도, 음악 이론에 대한 배경지식이 없는 사람들도 이 교본을 통해 기타하프 한아고를 배우고 연주할 수 있도록 하는 것이 저의 목표였습니다. 이를 위해 어려운 용어는 최대한 배제하고, 단계별 설명을 통해 독자들이 각 개념을 자연스럽게 이해할 수 있도록 했습니다.

둘째, 가장 쉬운 방법으로 연습할 수 있도록 하는 것입니다. 기타하프 한아고는 그 음색이 매력적일 뿐만 아니라, 배우기에도 적합한 악기입니다. 하지만 새로운 악기를 배우는 과정은 언제나 도전적일 수밖에 없습니다. 저는 이 교본에서 연습 과정이 지루하지 않도록, 단계별로 작은 목표를 설정했습니다. 독자들이 각 단계를 통해 성취감을 느끼며 자연스럽게 다음 단계로 나아갈 수 있도록 하였습니다. 연습곡과 예제를 통해 반복 학습의 중요성을 강조하면서도, 다양한 연주 기법을 가장 쉽게 익힐 수 있는 방법을 제시하고자 했습니다.

셋째, 음악을 잘 몰라도 이 교본 하나만으로도 기타하프 한아고를 배울 수 있도록 하는 것입니다. 기타하프 한아고를 처음 접하는 분들이나 음악 이론에 대한

지식이 없는 분들도 이 교본만으로 기타하프 한아고를 배울 수 있도록, 기초적인 음악 이론부터 차근차근 설명했습니다. 저는 이 교본이 기타하프 한아고의 첫걸음을 떼는 데 있어 든든한 동반자가 되기를 바랍니다. 또한, 음악을 전혀 모르는 사람도 기타하프 한아고를 통해 음악의 아름다움을 경험할 수 있도록, 기초부터 실전까지 모든 과정을 아우르는 내용을 담았습니다.

기타하프 한아고는 단순한 악기를 넘어, 연주자에게 새로운 창의적 표현의 도구가 될 수 있습니다. 기타하프 한아고의 다채로운 음색과 연주 방식은 기존의 악기들과는 또 다른 음악적 경험을 제공할 것입니다. 저는 이 교본이 기타하프 한아고를 처음 배우는 사람들뿐만 아니라, 이미 기타하프 한아고를 연주하는 분들에게도 큰 도움이 되기를 바랍니다. 교본의 각 파트에서 독자들은 기타하프 한아고의 매력을 깊이 느낄 수 있을 것이며, 연주를 통해 자신만의 음악적 색깔을 표현하는 기쁨을 경험하게 될 것입니다.

마지막으로, 이 교본을 통해 기타하프 한아고가 많은 사람들에게 사랑받는 악기로 거듭나기를 바라는 마음을 담았습니다. 기타하프 한아고는 배우기 쉬우면서도 그 깊이는 무한합니다. 여러분이 기타하프 한아고와 함께하는 시간 동안 이 악기의 매력에 흠뻑 빠져들기를 바라며, 이 교본이 기타하프 한아고를 배우는 여정에 소중한 가이드가 되기를 진심으로 기원합니다.

감사합니다.

2024년 8월
저자 양강석

차 례

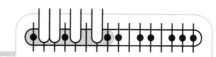

양강석의 악기튜브_전 국민 1인 1악기

 **양강석의 악기튜브**

@Yangs_music · 구독자 5.07만명 · 동영상 313개

인생의 버킷리스트는 무엇인가요? 아직 정하지 못하셨으면 악기를 배워보세요? 오카리나, 칼림바, ...더보기

pf.kakao.com/_TDWxfxb/chat **외 링크 1개**

구독

홈   동영상   Shorts   라이브   재생목록   커뮤니티   🔍

[칼림바 레슨] 1탄, 왕초보!!를 위한 5분만에 칼림바 연주하기(feat,트윙...

조회수 1,037,359회 · 4년 전

영상의 오타 정정합니다. 재편집이 안되는 관계로 양해를 바랍니다. 래(X), 레(O)
00:53 언박싱 칼림바
02:44 기본자세 및 소리내기
04:10 실전연주_할아버지시계
칼림바를 처음 시작하시는 분들이나 칼림바의 연주법이 궁금하신분들을 위한 영상입니다....

자세히 알아보기

동영상

[우쿨렐레 악보제공 레슨] 타브악보 및 스윙 솔로 연주, 중고급 이상

조회수 461회 · 1개월 전

[우쿨렐레레슨] 이런건 고장이 아닙니다. 안정화 작업을 해주세요.

조회수 428회 · 2개월 전

[오카리나 레슨] 비브라토 와 호흡을 쉽게 이해하기, 기능급수 4급

조회수 314회 · 3개월 전

[오카리나레슨]악기가 떨어지면 안되요~ #대한생활음악연맹 #한...

조회수 359회 · 3개월 전

초보부터 강사까지, 갖다 대기만 하면 저절로 튜닝이 됩니다. #스...

조회수 280회 · 3개월 전

[기타하프 한아고 레슨] 선율과 반주법 #텅드럼 과 연주하는 #아...

조회수 429회 · 4개월 전

인기 동영상

[칼림바 레슨] 1탄, 왕초보!!를 위한 5분만에 칼림바 연주하기(feat,...

조회수 103만회 · 4년 전

칼림바 왕초보를 위한 튜닝(조율) 체크, 튜닝을 정확하게 하는 방법...

조회수 28만회 · 4년 전

[칼림바 레슨]손가락 위치 쉽게 찾는 방법, 스티커 붙이는 원리

조회수 24만회 · 4년 전

칼림바를 구매하시기 전에 악기선택 요령에 대하여.

조회수 18만회 · 4년 전

[칼림바 레슨] 2탄, 왕초보!!를 위한 5분만에 칼림바 연주하기, 알베...

조회수 17만회 · 4년 전

[칼림바 레슨] 첨부터 이걸 알았다면 어렵지 않았을텐데...

조회수 16만회 · 3년 전

몸으로 기억하는 악기 교수법

모두 보기

저자 양강석의 공식 유튜브 채널입니다.
기타하프 한아고 이외에 우쿨렐레, 오카리나, 칼림바, 텅드럼, 리라 등 다양한 악기의 연주법 및 레슨 관련
영상 300여편이 업로드 되어 있으며 지속적인 업로드를 통해 구독자들과 소통하고 있습니다.

Part 1

재미난 기타하프 한아고 이야기

Introduction

옛 고대 도시 우르(지금의 이라크 바그다드 부근)에서 발굴된 유물 중 인류 최초의 음악에 대한 기록의 벽화를 발견하게 됩니다.

그 벽화 속에는 현악기의 연주 모습이 나오는데 이것을 우르의 리라 또는 우르의 하프라고 합니다. 태고의 현악기는 리라(하프)에서 시작합니다. 단순히 줄을 음정에 따라 매달아 놓은 것이지요. 이런 악기들이 개량되어 바이올린 또는 기타와 같은 악기로 개발되었습니다.

그리고 지판 위에 프렛을 만들어 음정의 변화를 쉽게 만들어 낼 수 있는 기타는 피아노와 버금가는 인기와 음악적인 악기가 됩니다.

기타하프 한아고는 기타의 프렛과 하프의 울림 등 각각의 매력적인 장점을 잘 살려서 개발하였습니다.

    한 : 한국의(韓)

    아 : 아름다운

    고 : 순 우리말 현악기

라고 작명된 한아고는 우리나라 음악교육과 악기 문화의 새로운 시초가 될 것입니다.

한아고 제작자 김민홍

1. 역사(History)

현의 울림을 이용한 악기를 현악기라고 부릅니다.
현악기는 크게 소리를 발생시키는 방법에 따라 3종류로 나뉘어 지는데 팅겨서 소리를 내는 발현악기(리라, 하프, 기타, 우쿨렐레 등), 마찰을 일으켜서 소리를 내는 찰현악기(바이올린, 첼로 등), 현을 두드려서 소리를 내는 타현악기(건반악기 특히 피아노, 클라비코드 등)입니다.

1) 리라와 하프(Lyre and Harp)

리라와 하프는 기원전 3,500년 수메르에서 발견되었고 고대 도시 우르(지금의 이라크 바그다드 부근)의 무덤과 왕릉에서 여러 하프와 리라가 발견되었습니다.
리라와 하프는 공통적으로 현의 양 끝단을 매듭지어 현의 울림을 통해 음정을 만들어 내는 악기입니다. 둘의 가장 큰 차이점은 리라는 몸통과 현이 수평적으로 위치하고 하프는 몸통과 현이 수직적으로 위치합니다.

우르의 유물에 모자이크 되어 있는 리라, 기원전 2,500년 전

그리스의 하프 연주자 석상, 기원전 2,800~2,700년 전

2) 류트와 기타(Lute and Guitar)

류트와 기타는 하프와 리라처럼 손가락 또는 피크로 줄을 튕겨서 소리를 내는 발현악기의 일종이며 지판을 가지고 있어 적은 개수의 현을 가지고도 넓은 음역을 소화해 낼 수 있는 악기입니다.

기타와 유사한 서양 발현악기의 기원은 넓게는 기원전까지도 볼 수 있지만 보통 13세기 경 사용된 기턴(Gittern)과 15세기 경 스페인에서 만들어진 비우엘라(Vihuela), 17세기 경 발명된 바로크 기타를 기원으로 하고 있으며, 고대 및 중세에서 사용된 류트(Lute)를 기타의 전신으로 보기도 하지만 류트(Lute)에 대한 설명은 중세 이전에는 제대로 표준화가 되어 있지 않아서 '넥과 울림통, 줄만 달리면 모두 류트'로 불리우며 발현악기가 분화되는 과정에서 위에서 말한 세 악기들의 직계로 기타가 탄생됐다고 알려집니다.

류트는 16세기에서 18세기까지 유럽에서 널리 유행했으며 줄의 수는 6줄, 8줄, 10줄, 13줄, 14줄 등 다양하고 크게 이탈리아식과 영국식(프랑스식)으로 나뉩니다.

류트와 기타(Lute & Guitar)

3) 기타하프 한아고(G.H. HANAGO)

기타하프 한아고는 2021년 국내에서 탄생한 K-악기입니다.

악기 개발자 김민홍은 단순히 반음을 쉽게 낼 수 있는 리라를 만들고 싶다는 생각에서 출발하였으나 그 개발 과정은 순탄치만은 않았습니다.

그렇게 악기에 대한 연구 중에 기타에 있는 프렛을 한 개만 빌려 보자는 생각이었고 그렇게 싱글 프렛(Single fret) 리라, 즉 기타하프 한아고의 탄생을 알립니다. 싱글 프렛의 추가는 단순히 반음만을 연주하는 게 아니라 쉽게 코드를 만들어서 기타처럼 스트로크 연주가 가능하게 됩니다.

이후 악기 전문가 남궁성섭과 함께 설계 및 제작을 하여 지금과 같은 한아고의 모습을 갖추게 되었으며 많은 교육 현장 및 연주자들에 의해 사랑받고 있습니다.

기타하프 한아고

2. 기타하프 한아고의 구조와 명칭(Parts of the Hanago)

기타하프 한아고는 기본 16현으로 구성되어 있으며 크게 현, 현을 고정하는 장치, 현의 울림을 증폭해주는 바디(Body)로 구분 할 수 있습니다.

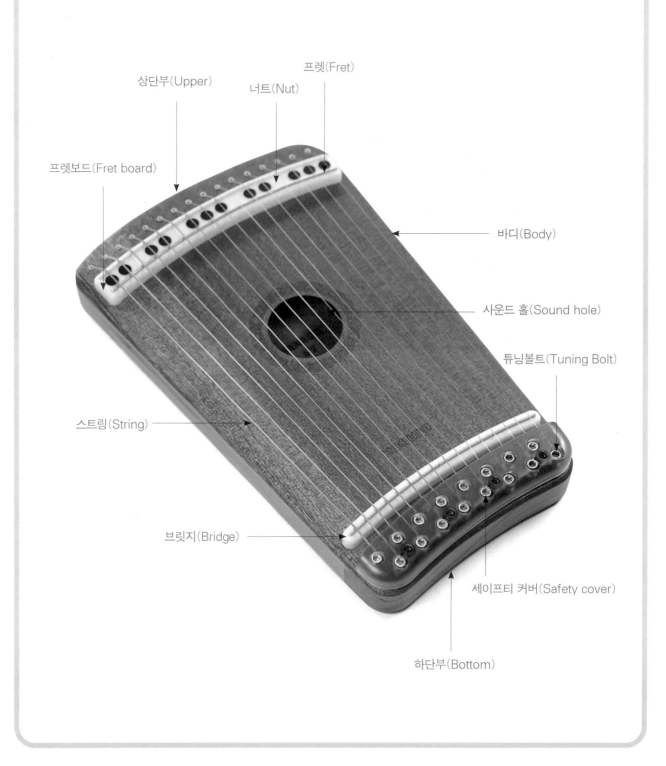

3. 기타하프 한아고의 구성품(Package of the Hanago)

기타하프 한아고는 기본적으로 악기 외에도 소프트 백, 튜닝 렌치, 여분의 스트링, 댐퍼 실리콘, 피크를 제공합니다.

한아고(Hanago)

소프트 백(Soft Bag)

튜닝 렌치(Tuning Wrench)

여분의 스트링(Extra Strings)

댐퍼 실리콘 (Damper Silicone)

피크(Pick)

4. 기타하프 한아고의 연주 자세(Posture)

1) 피킹(Picking)과 핑거링(Fingering) 연주시

무릎 위 또는 책상 위에 올려놓고 오른손은 스트링 위에 현에 닿게 해 줍니다.
왼손은 반음 연주, 또는 뮤트 연주를 위해 프렛보드 위에 올려 줍니다.

정면

측면

> 피킹(Picking)은 검지 또는 피크(Pick)를 사용해 한 음씩 연주하는 것
> 핑거링(Fingering)은 각각의 손가락을 개별적으로 사용하여 연주하는 것

2) 스트러밍(Strumming) 코드 연주시

오른쪽 허벅지 위에 자연스럽게 세워서 기타 연주하듯이 올려놓습니다.
왼손은 프렛보드 위에 가지런히 놓습니다.

정면

측면

스트러밍(Strumming)은 왼손으로 코드를 누른 후 오른손으로 여러 줄을 동시에
쓸어서 연주하는 것

5. 기타하프 한아고의 음정 및 코드 다이어그램(Chord Diagram)

기타하프 한아고의 음역은 낮은 '솔'부터 2옥타브 위 '라'까지 기본적으로 16음을 소리 낼 수 있습니다. 각 계이름의 프렛을 손가락으로 누르면 반음이 높아지고 이로 인해 각 반음계 연주가 가능해지며 28개의 음정을 갖게 됩니다.

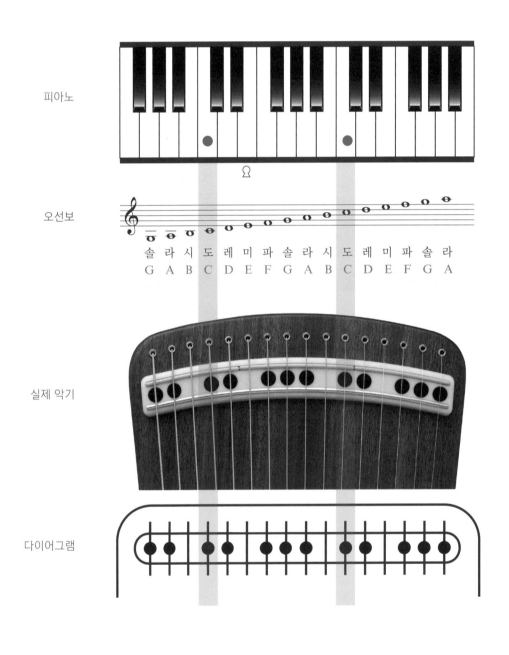

14

6. 반음 내기(Chromactic)

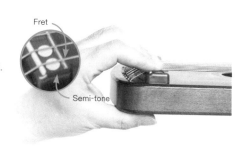

• 반음 연주는 검지 또는 엄지로 색상의 현을 그림처럼 넓게 눌러줍니다.

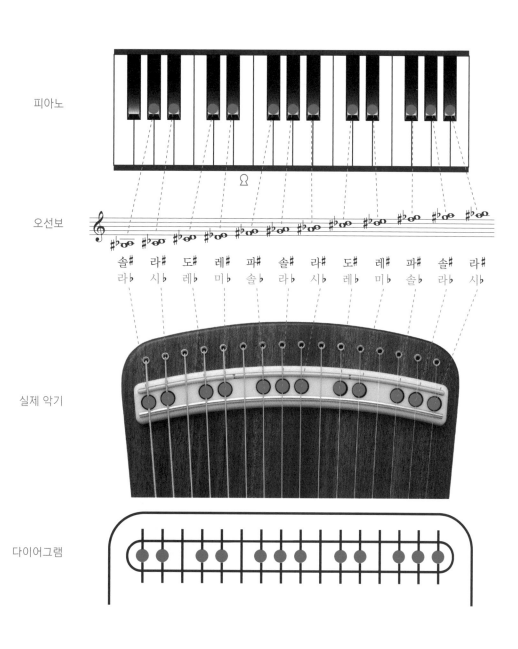

피아노	
오선보	
실제 악기	
다이어그램	

7. 피크와 띰블(Pick & Thimble)

손가락이 연약한 아이들 또는 여성들을 위해 피크와 띰블을 사용할 수 있습니다.

1) 피크(Pick) 잡는 법

2) 띰블(Thimble)

띰블은 손가락에 끼는 골무를 말합니다. 왼손 반음 연주시 현을 누를 때 또는 오른손 핑거링을 할 때 띰블을 사용할 수 있습니다. 숙련된 후에는 되도록 띰블 사용을 자제합니다.

8. 손가락 번호(Finger number)와 기호

왼손과 오른손의 표기법이 상이합니다.
왼손은 숫자로, 오른손은 손가락 이름의 스페인어 약자로 나타냅니다.

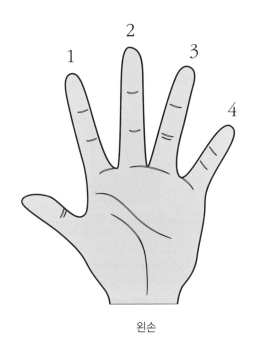

왼손

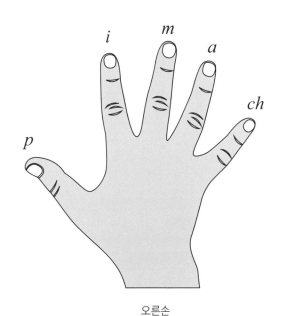

오른손

스페인어	영어	우리말
p = Pulgar	Thumb	엄지
i = Indice	Index Finger	검지
m = Medio	Middle Finger	중지
a = Anular	Ring Finger	약지
ch = Chiko	Little Finger	소지

왼손의 1번은 검지손가락입니다.
피아노에서는 1번이 엄지손가락이니 헷갈리지 않도록 합니다.

9. 기타하프 한아고의 조율(How to tune)

기타하프 한아고는 기본적으로 16개의 현을 가지고 있으며 가장 낮은 음정은 낮은 솔에서 2옥타브 높은 라까지 튜너와 튜닝렌치를 이용하여 한 음씩 맞춰 줍니다.

1) 기본 튜닝

튜닝렌치를 이용하여 각 음정을 조율합니다. 튜닝렌치를 시계 방향으로 돌리면 음정이 올라가고 반시계 방향으로 돌리면 음정이 낮아집니다.
특히 시간으로 비유할 때 5분 정도 돌리면 반음 이상 변화가 발생하니 참고하여 튜닝합니다.

음정이 낮은 경우
눈금이 중앙에서 왼쪽에 위치하며
조율 렌치를 시계방향으로
조금씩 움직여 튜닝합니다.

음정이 정확한 경우
튜너의 색상이 초록색 또는 파란색 등
제조사 마다 다양한 색상으로 표시됩니다.
눈금은 중앙에 위치합니다.

음정이 높은 경우
눈금이 중앙에서 오른쪽에 위치하며
조율 렌치를 반시계방향으로
조금씩 움직여 튜닝합니다.

10. 기타하프 한아고의 현 교체 방법(How to replace)

세이프티 커버를 벗겨낸 후 튜닝볼트를 반시계 방향으로 4바퀴 정도 풀어준 후 현을 교체해 줍니다.

1. 세이프티 커버 나사를 풀어준다.

2. 커버를 분리한다.

3. 튜닝볼트를 풀어준다.

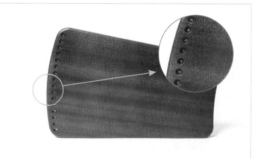

4. 뒷판 구멍을 통해 현을 교체한다.

Tip. 스테이블리제이션 (Stabilization)

스테이블리제이션(Stabilization)이란

어떤 불안정한 상태를 안정화 시킨다는 뜻입니다.

새로 구입하거나 현을 교체한 경우 현이 아직 위치를 잡지 못하고 텐션이 강한 상태이기 때문에 음정의 변화가 심합니다. 야구 글러브 또는 신발 등을 새로 구입한 경우 아직 길이 들지 않아서 뻣뻣하고 불편함을 느끼듯 현 또한 마찬가지 입니다.

스테이블리제이션(Stabilization) 방법

현을 손가락으로 팽팽하게 당긴 상태에서 튜닝을 진행합니다. 튜닝 후에는 다시 현을 팽팽하게 당겨 줍니다. 여러 번 같은 작업을 반복하여 현의 텐션을 안정화 시킵니다.

11. 악기의 보관

기타하프 한아고는 기본적으로 16개의 현을 가지고 있으며 가장 낮은 음정인 낮은 '솔'부터 높은 '라'까지 튜너와 튜닝렌치를 이용하여 한 음정씩 정음으로 튜닝합니다.

보관 방법

▶ 연주 후에는 악기의 표면을 부드러운 천으로 닦아줍니다. 제공된 천 또는 안경 닦는 융을 사용하여도 됩니다.

▶ 기타하프 한아고는 목재로 만들어진 악기여서 습도에 매우 민감합니다. 보통 60% 내외의 습도를 유지하는 게 중요하며 특히 겨울철에 너무 건조해지면 악기가 갈라질 수 있으니 유의합니다.

▶ 직사광선에 노출하지 말고 연습 후에는 케이스에 넣어서 보관합니다.

▶ 악기에 충격을 추면 갈라지거나 부서질 수 있습니다. 항상 파손되지 않게 신경 씁니다.

▶ 장시간 연습을 하지 않을 때는 스트링(현)을 반 바퀴 이상 느슨하게 풀어서 현의 장력에 의한 나무 휨 현상을 예방합니다.

관리용품 및 사용 방법

극세사	댐핏	드라이버	레몬 오일	실리카젤
부드러운 재질로 이물질을 제거할 때 사용합니다.	건조한 날씨 속에 악기가 갈라지지 않도록 습도를 조절해 줍니다.	세이프티 커버를 분리할 때 사용합니다.	악기의 표면을 보호해주고 기름때 등의 오염물질을 제거해 줍니다.	악기 속의 불피요한 습기를 제거해 줍니다.

Part 2

기타하프 한아고 선율과 화음

피킹(Picking)과 핑거링(Fingering)

검지손가락 한 개만으로 연주하는 것을 피킹(Picking),
여러 손가락을 개별적으로 움직여 연주하는 것을
핑거링(Fingering)이라고 합니다.

1. 피킹 연습 I (Down)

검지손가락 또는 피크를 사용하여 다운(⊓), 업(∨)에 맞추어 한 음씩 또박또박
정확하게 피킹해 주세요.

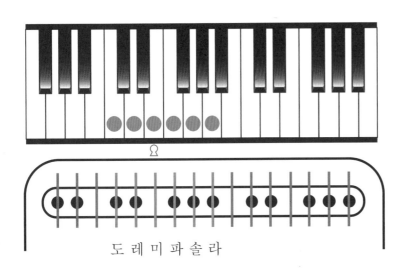

다운(Down)

도 레 미 파 솔 라

기초 연습 1

기초 연습 2

기초 연습 3

비행기

윤석중 작사 | 미국 민요

··· 응용곡

떴 다 떴 다 비 행 기 날 아 라 날 아 라

높 이 높 이 날 아 라 우 리 비 행 기

작은 별

윤석중 작사 | 모차르트 작곡

··· 응용곡

반 짝 반 짝 작 은 별 아 름 답 게 비 추 네

서 쪽 하 늘 에 서 도 동 쪽 하 늘 에 서 도

반 짝 반 짝 작 은 별 아 름 답 게 비 추 네

나비야

작자 미상 | 독일

··· 응용곡

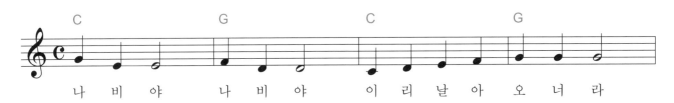

나 비 야 나 비 야 이 리 날 아 오 너 라

호 랑 나 비 흰 나 비 춤 을 추 며 오 너 라

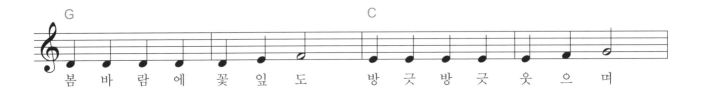

봄 바 람 에 꽃 잎 도 방 긋 방 긋 웃 으 며

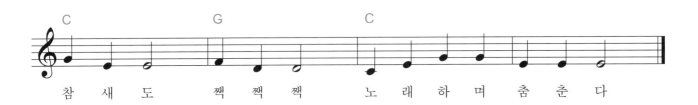

참 새 도 짹 짹 짹 노 래 하 며 춤 춘 다

환희의 송가

H. 반 다이크 작사　｜　베토벤 작곡

··· 응용곡

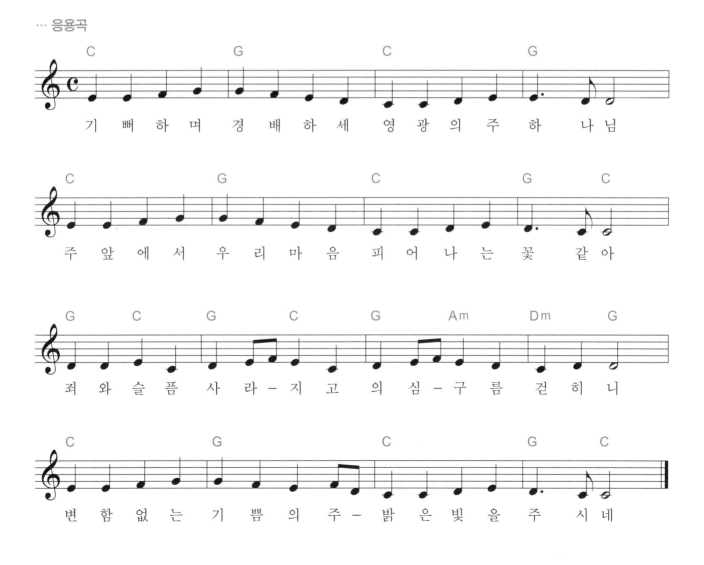

기 뻐 하 며 경 배 하 세 영 광 의 주 하 나 님

주 앞 에 서 우 리 마 음 피 어 나 는 꽃 같 아

죄 와 슬 픔 사 라 — 지 고 의 심 — 구 름 걷 히 니

변 함 없 는 기 쁨 의 주 — 밝 은 빛 을 주 시 네

캉캉

오펜 바흐 작곡

··· 응용곡

거미

작사 작곡 미상

··· 응용곡

거 미 가 줄 을 타 고 올 라 갑 니 다　비 가 － 오 면　끊 어 집 니 다

해 님 이 방 긋　솟 아 오 르 면　거 미 가 줄 을 타 고 내 려 옵 니 다

왕잠자리

양강석 작사 | 외국곡

··· 응용곡

위잉위잉윙 윙 왕잠자리소리 무얼찾고있니 왕잠자리

위잉위잉윙 윙 왕잠자리소리 연못에알을낳고있구나

날개를휘저으며 이리저리 바람을휘가르며 날아가네

위잉위잉윙 윙 왕잠자리소리 연못에알을낳고있구나

2. 피킹 연습 II (Down and Up)

다운(■)과 업(V)을 지켜서 연습하세요. 처음에는 템포 60에서 시작하여 숙달이 되면 점점 속도를 높여서 연습합니다.

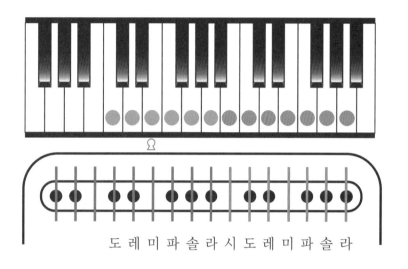 

업(Up)

도 레 미 파 솔 라 시 도 레 미 파 솔 라

기초 연습 1

기초 연습 2

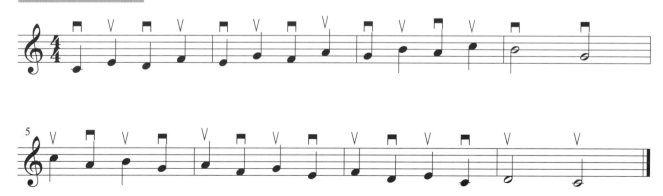

28

기초 연습 3

기초 연습 4

기초 연습 5

들장미

괴테 작사 | 베르너 작곡

··· 응용곡

웬 아 이 - 가 보 았 네 들 에 핀 - 장

미 화 갓 피 어 난 어 여 쁜

그 향 기 - 에 탐 나 서 정 신 없 - 이

보 네 장 미 화 야 장 - 미 화

들 에 핀 - 장 - 미 화

올림픽 행진곡

헨리 클레이 워크 작곡

… 응용곡

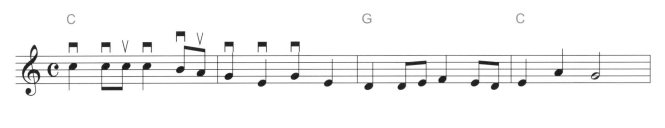

허수아비 아저씨

김규환 작사, 작곡

… 응용곡

텔레비전

작자 미상 | 정근 작곡

… 응용곡

텔레 비전 에 내 가 나 왔으 면 정 말 좋 겠 네 ― 정 말 좋 겠 네

텔레 비전 에 내 가 나 왔으 면 정 말 좋 겠 네 ― 정 말 좋 겠 네

춤 추 고 노 래 하 는 예 쁜 내 얼 굴

텔레 비전 에 내 가 나 왔으 면 정 말 좋 겠 네 ― 정 말 좋 겠 네

고기잡이

윤극영 작사, 작곡

... 응용곡

고 기 를 잡 으 러 바 다 로 갈 까 나

고 기 를 잡 으 러 산 으 로 갈 까 나

이 병 에 가 득 히 넣 어 가 지 고 요

랄 랄 랄 랄 랄 랄 랄 랄 온 다 야

3. 반음 연습 (Chromatic)

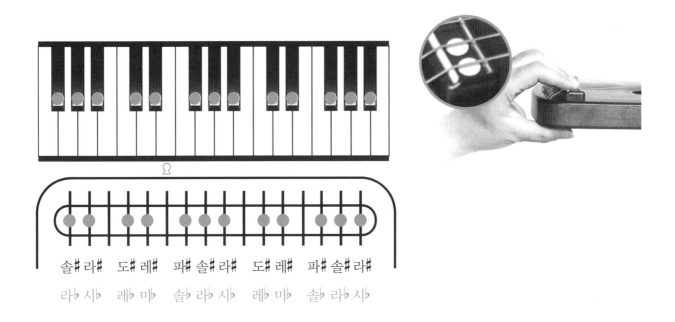

솔# 라# 도# 레# 파# 솔# 라# 도# 레# 파# 솔# 라#

라♭ 시♭ 레♭ 미♭ 솔♭ 라♭ 시♭ 레♭ 미♭ 솔♭ 라♭ 시♭

기타하프 한아고를 안아서 연주할 때는 왼손 검지로 넓게 반음계를 눌러 주며 기타하프 한아고를 바닥에 놓고 연주할 때는 왼손 엄지로 반음계를 눌러 줍니다.

처음 연습할 때는 다운(Down) 피킹으로 천천히 연습한 후 숙달이 되면 8분음표의 경우 다운(Down), 업(Up)피킹을 번갈아 가면서 연습합니다.

기초 연습 1   Am 하모닉 마이너 스케일

34

기초 연습 2 　　　바장조 스케일

기초 연습 3 　　　사장조 스케일

기초 연습 4 　　　반음계 스케일

사랑의 로망스 ROMANCE

양강석 작사 | 스페인 민요

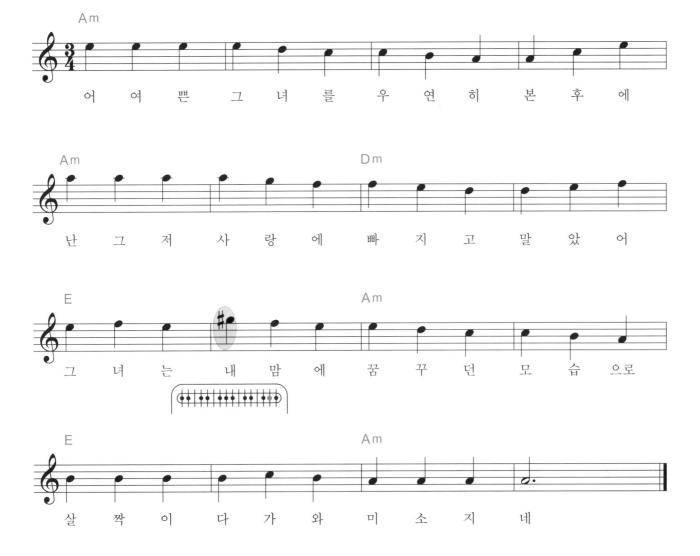

어 여 쁜 그 녀 를 우 연 히 본 후 에

난 그 저 사 랑 에 빠 지 고 말 았 어

그 녀 는 내 맘 에 꿈 꾸 던 모 습 으 로

살 짝 이 다 가 와 미 소 지 네

너는 나의 햇빛 You Are My Sunshine

지미 데이비스 작사, 작곡

콜로라도의 달빛 Moonlight On The Colorado

빌리 몰 작사 ｜ 로버스 A. 킹 작곡

Moon - light on the ri - ver co - lo - ra - do -
As I sit and pine each lone - ly sha - dow -

How I wish that I were there with you -
Take me back to days that we once knew -

Fine

We were to wed in har - vest time you said

Em EM7 Em7 A9 D7
That's when I'm long - ing for you -

D.C. al Fine

38

그대로 멈춰라

김방옥 작사, 작곡

4. 화음(Harmony)과 기초 핑거링(Fingering)

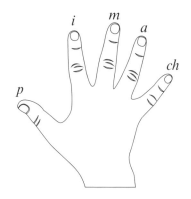

스페인어	영어	우리말
p = Pulgar	Thumb	엄지
i = Indice	Index Finger	검지
m = Medio	Middle Finger	중지
a = Anular	Ring Finger	약지
ch = Chiko	Little Finger	소지

기초 연습 1

처음엔 엄지(p)와 검지(i)로, 도돌이 이후에는 검지(i)와 중지(m)로 연습합니다.

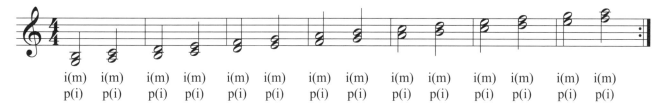

기초 연습 2

3도부터 6도 화음까지 엄지(p)와 검지(i)로 연습합니다.

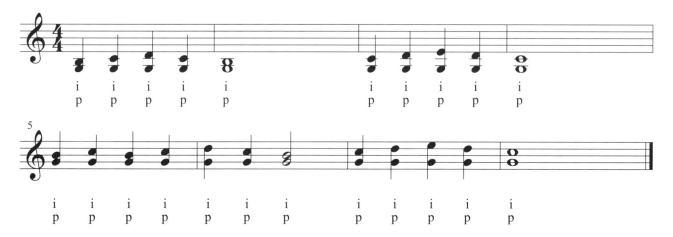

기초 연습 3

코드 패턴 8비트 형태 기본 연습입니다.

p i m i m i m i p i m i m i m i p i m i m i m i p i m i m i m i

p i m i m i m i p i m i m i m i p i m i m i m i p i m i p

기초 연습 4

음정에 따른 손가락 순서와 간격 연습입니다.

p i p i p i p m p m p m p a p a

p a p a p m p m p i p i p i p

기초 연습 5

옥타브 코드 패턴 연습니다.

p i m a p i m a p i m a p i m a p i m a p i m a p i m a p i m a

p i m a p i m a p i m a p i m a p i m a p i m a p i m a p i m a

41

고향의 봄

이원수 작사 | 홍난파 작곡

나의 살-던 고향은 꽃 피는 산-골

복 숭 아 꽃 살 구-꽃- 아 기 진 달-래

울 긋 불 긋 꽃-대 궐 차 린-동-네

그 속 에 서 놀 던-때 가 그 립 습 니-다

들장미

괴테 작사 | 베르너 작곡

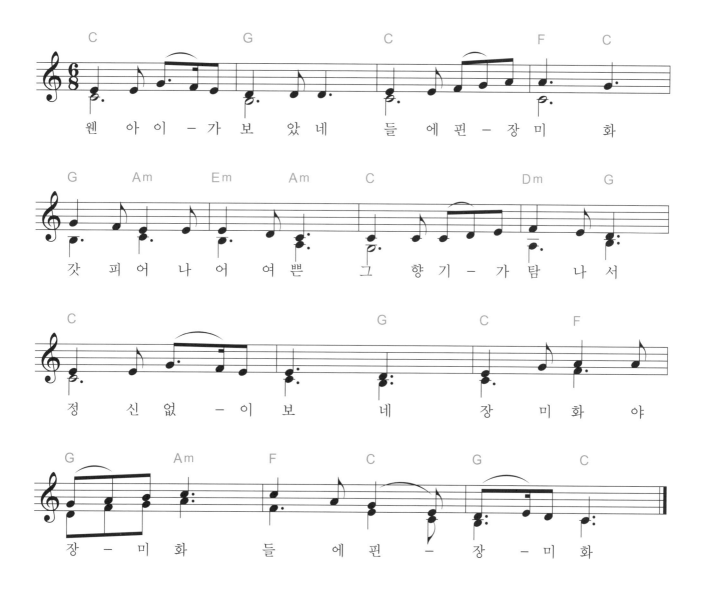

에델바이스

오스카 해머스타인 2세 작사 | 리처드 로저스 작곡

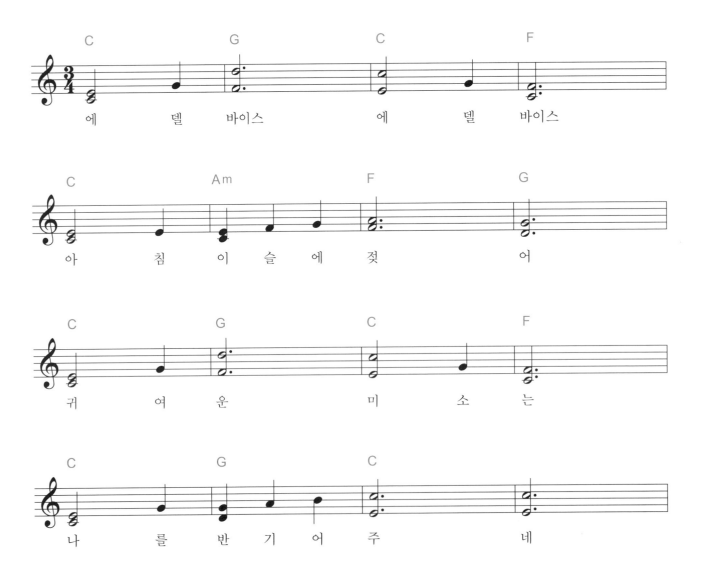

에 델 바이스 에 델 바이스
아 침 이 슬 에 젖 어
귀 여 운 미 소 는
나 를 반 기 어 주 네

사랑의 인사

에드워드 엘가 작곡

기타하프 한아고 코드

Chord

싱글 프렛을 가지고 있는 기타하프 한아고는 코드를 만들어서 연주할 수 있습니다.
한아고의 코드는 기타처럼 현을 누르는 게 아닌 뮤트를 활용한
코드 주법이니 차근차근 연습해 보세요.

1. 기타하프 한아고 코드(Chord)익히기

코드(Chord)란?
어떤 음을 아래에 두고 3도씩 화음을 쌓아서 동시에 연주하는 것을 코드라고 부릅니다.

보통 피아노, 기타 등의 악기는 코드 음을 한 개씩 정확히 눌러주어야 합니다. 그러나 기타하프 한아고는 코드 음 이외의 음을 뮤트시켜서 코드를 만들어주며 이를 어보이드 노트 코드 메이킹(Avoid note & chord making)이라 부릅니다.

코드의 종류

3화음 | 기본적으로 가장 많이 사용하는 화음이며 근음 위에 3도씩 2개를 쌓아 놓은 화음으로, 주로 근음의 옥타브를 중복시켜 연주합니다.

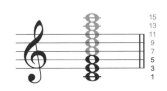 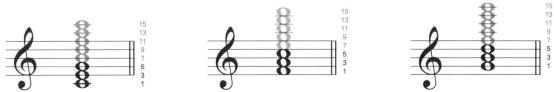 

4화음(7th) | 4화음 또는 세븐스(7th)코드라고 부르며 근음 위에 3도씩 3개를 쌓아 놓은 화음입니다. 근음과 4번째 화음의 음정 관계가 7도입니다.

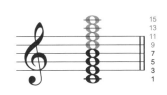 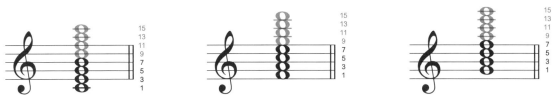 

텐션 화음 | 근음에서 3도씩 쌓아서 한 옥타브를 벗어나면 텐션(Tension) 음이라고 합니다. 텐션을 사용할 경우에는 사용한 텐션 음의 개수만큼 4화음의 개수를 빼서 연주합니다. 이때 근음은 생략하지 않습니다. 텐션을 사용하면 화음의 색깔이 더욱 풍부해집니다.

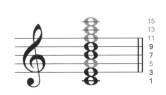  

2. 기타하프 한아고 코드(Chord) 기본형

기본적인 3화음을 만들어주는 손모양이며 G코드 기본형을 연주할 때는 아래 그림처럼 '라'부터 한아고 현을 뮤트 시켜줍니다. 검지, 중지, 약지는 한 칸씩 띄어주고 약지와 새끼손가락이 붙어 있는 손모양입니다.

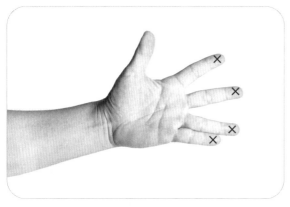

기본형 손모양

뮤트 시킬 때 위치

예) G코드 기본형

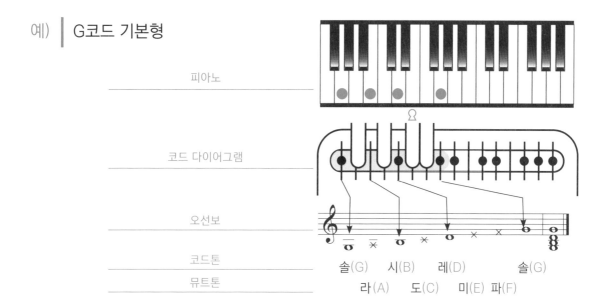

피아노

코드 다이어그램

오선보

코드톤

뮤트톤

솔(G)   시(B)   레(D)   솔(G)
    라(A)   도(C)   미(E) 파(F)

Tip.

어떤 음정이든 원하는 음의 다음 음정에서 기본형 손모양을 만들어서 뮤트를 시켜주면 기본적인 다이아토닉 코드가 형성됩니다.

다이아토닉 코드?
어떠한 스케일의 구성음만으로 형성된 코드를 말합니다.

뮤트?
현에 손가락을 올려주어 현의 음정 울림이 발생하지 않게 하는 것을 말합니다.

3. 기타하프 한아고 코드(Chord) 1전위형

기타하프 한아고 코드의 1전위형이란 각 코드의 3음부터 시작하여 코드의 순서를 바꾸는 것을 말합니다. 중지와 약지가 붙어 있는 손모양입니다.

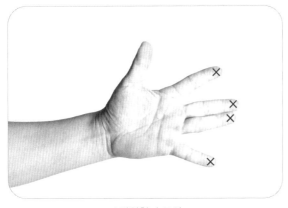

1전위형 손모양

뮤트 시킬 때 위치

예) | Em코드 1전위형

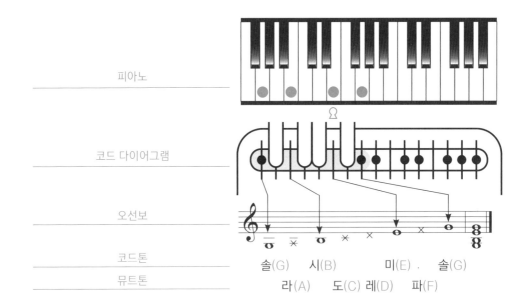

피아노

코드 다이어그램

오선보

코드톤

뮤트톤

솔(G)　　시(B)　　　　미(E) .　　솔(G)

라(A)　　도(C) 레(D)　　파(F)

Tip.

전위(Inversion)?

코드에서 전위란 화음의 위치를 바꾸는 것을 말합니다.

3음이 가장 아래에 위치할 때 1전위, 5음이 가장 아래에 위치할 때 2전위라고 부르며 4화음(7th)에서는 3전위까지 가능하며 이때는 7음이 가장 아래에 위치합니다.

4. 기타하프 한아고 코드(Chord) 2전위형

기타하프 한아고 코드의 2전위형이란 각 코드의 5음부터 시작하여 코드의 순서를 바꾸는 것을 말합니다. 검지와 중지가 붙어 있는 손모양입니다.

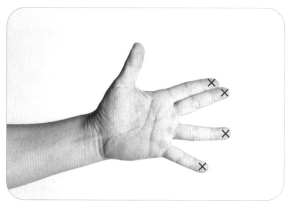

2전위형 손모양

뮤트 시킬 때 위치

예) | C코드 2전위형

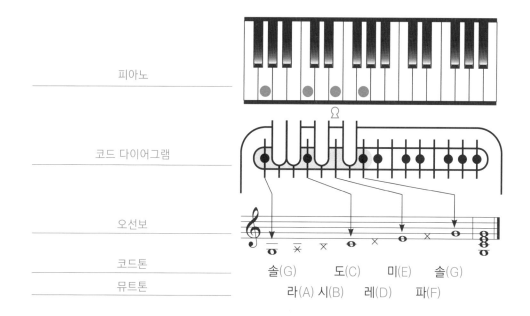

피아노

코드 다이어그램

오선보

코드톤

뮤트톤

솔(G)   도(C)   미(E)   솔(G)

라(A) 시(B)   레(D)   파(F)

Tip.

쉽게 코드를 연결하는 방법

코드와 코드를 연결할 때 공통음은 움직이지 않고 계속 머무르며 그 외에 손가락만 움직여 줍니다.
공통음이 없는 경우 가까운 손가락 방향으로 움직여 줍니다.

5. 기타하프 한아고 코드(Chord) 기본형 7화음

기본적인 3화음 및 7화음을 만들어주는 손모양입니다.
내가 만들려는 코드 근음의 다음 음정부터 아래 사진의 손모양을 만들어 각 음을 뮤트시켜
주세요.

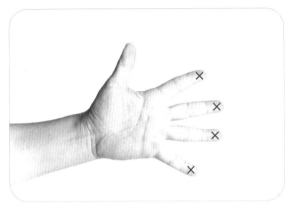

7화음 기본형 손모양

뮤트 시킬 때 위치

예) | Am7코드 7화음 기본형

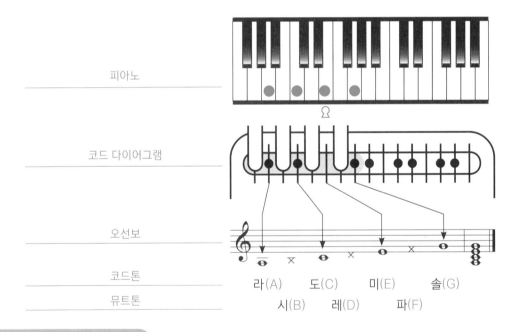

피아노

코드 다이어그램

오선보

코드톤

뮤트톤

라(A)   도(C)   미(E)   솔(G)
시(B)   레(D)   파(F)

Tip.

예쁘게 소리내는 방법

스트럼은 왼손으로 만든 코드 손모양의 범위를 벗어나서 스트럼 하지 않습니다.
특히 7화음 기본형의 손모양을 만든 상태에서 옥타브 전체를 스트럼 하지 않고 3화음만 스트럼을 하면
기본화음만 울리게 됩니다. 스트럼은 너무 과하거나 강하게 하지 말고 부드럽고 가볍게 해줍니다.

6. 꼭 외워야 하는 기타하프 한아고 코드(Chord) 6개

기타하프 한아고는 4가지 손모양을 가지고 다양한 위치에서 코드를 만들어 낼 수 있습니다.
아래 그림의 코드는 코드 연결에서 유용하며 가장 낮은 음에서 코드톤을 만들어 줍니다.

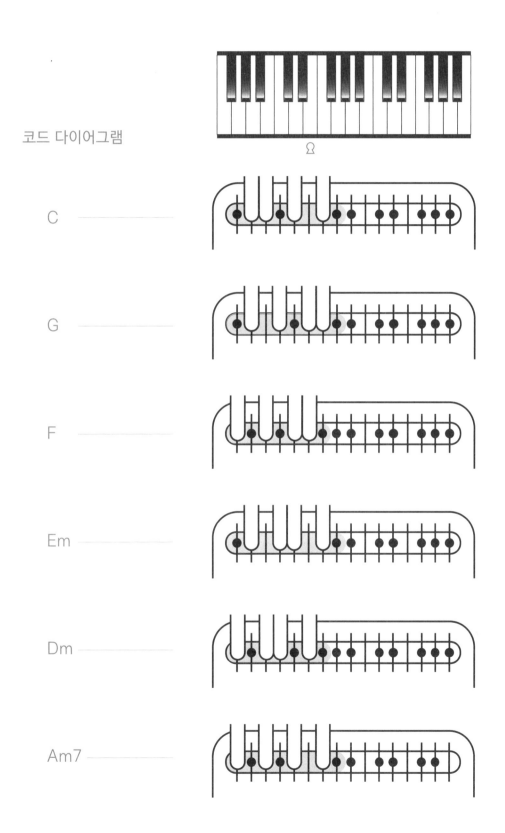

코드 다이어그램

C

G

F

Em

Dm

Am7

7. 다이아토닉 스케일과 코드(Diatonic Scale & Chord)

서양음악에서 스케일이란 시작음에서 옥타브 위의 같은 음까지 나열한 것을 말합니다. 나열하는 순서에 따라 크게 메이저 스케일(장음계)과 마이너 스케일(단음계)로 나누며 특별히 임시표를 사용하지 않은 상태의 스케일을 다이아토닉 스케일이라고 부릅니다.

이 다이아토닉 스케일에 3도씩 3개 또는 4개의 화음을 쌓아나가면 코드가 형성되는데 이를 다이아토닉 코드라고 부릅니다.

아래 예시는 C Major의 다이아토닉 스케일과 다이아토닉 코드를 나타냅니다.

C Major Scale

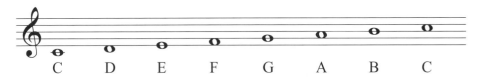

C Major Diatonic Triad Chord

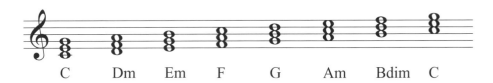

C Major Diatonic 7th Chord

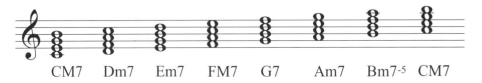

Part 4

기타하프 한아고 스트럼과 리듬

Strum & Rhythm

스트럼 자세와 고고, 칼립소, 셔플, 슬로우 고고 리듬을 통해 다양한
응용곡을 연주하고 실전 연주에 적용해 보세요.

LET'S PLAY !!

1. 스트럼(Strum)을 하기 위한 손 모양과 소리내기

1) 기본 오른손 모양

아래 사진을 보고 순서대로 손모양을 만들어 보세요.
실제로 스트럼을 할 때는 손가락의 힘을 빼고 현 위를 부드럽게 쓸어 내리거나 올려 주세요.
손가락에 힘이 많이 들어가면 현에 손가락이 걸리는 현상이 발생합니다.
손가락이 약한 아이들이나 여성들은 피크를 사용해도 됩니다.

1. 오른손 엄지와 검지손가락을 작은 하트 모양으로
   만들어 주세요.

2. 엄지 손톱의 방향이 위로 향하게 손목을 돌려 줍니다.

3. 하트 손가락 이외에 나머지 손가락을 펴 줍니다.

Tip.

검지 손톱 등으로 자연스럽게 현을 쓸어서 스트럼을 해 줍니다.
피크를 사용할 때는 엄지와 검지 사이에 자연스럽게 잡아주면 됩니다.

2) 스트럼 소리내기

스트럼(Strum)이란 우쿨렐레, 기타, 벤조 등의 현악기를 소리 내는 방법 중 하나로써 여러 현을
쓸어 내리듯이 또는 긁듯이 소리를 내는 것을 말하며, 스트럼(스트러밍) 또는 스트로크라고 부릅니다.

① 다운(Down)

손목을 위에서 아래로 쓰다듬듯이 쓸어 내려줍니다.

표기는 음표 위에 (▬) 또는 (↓)로 표시합니다.

② 업(Up)

손목을 아래에서 위로 긁어주듯이 쓸어 올려줍니다.

표기는 음표 위에 (∨) 또는 (↑)로 표시합니다.

2. 여러 가지 리듬 익히기

1) 4 Beat

가장 기본형이 되는 리듬으로 한 마디 4박자를 엄지손가락으로 다운 스트럼합니다.

❶ 기본리듬

4 Beat 예비 연습

Part 2에서 학습한 주요 3화음과 부 3화음 코드를 사용하여 4 Beat 기본 리듬을 연습해 보세요.

예비 연습 1

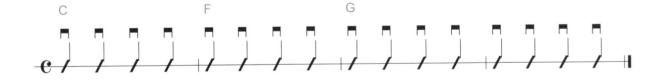

예비 연습 2

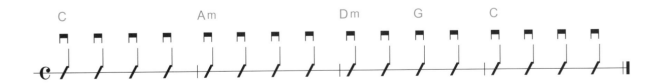

4 Beat 응용 연습

곰 세 마 리

작사 작곡 미상

곰 세 마 리 가 한 집 에 있 어 아 빠 곰 엄 마 곰 애 기 곰

아 빠 곰 은 뚱 뚱 해 엄 마 곰 은 날 씬 해

애 기 곰 은 너 무 귀 여 워 으 쓱 으 쓱 잘 한 다

학 교 종

김메리 작사, 작곡

2) 8 Beat 고고(Go Go) 리듬

리듬은 음의 길이 또는 악센트의 일정한 패턴을 말하는데 같은 4박자라도 그 느낌이 많이 달라집니다. 고고 리듬은 8분음표로 일정하게 움직이지만 두 번째와 네 번째 박에 악센트를 넣어줌으로써 신나는 느낌을 갖게 됩니다.

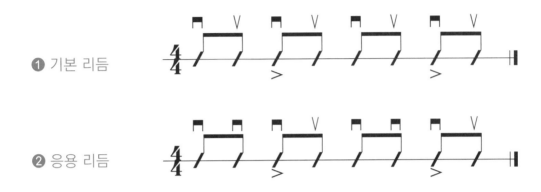

❶ 기본 리듬

❷ 응용 리듬

8 Beat 고고(Go Go) 리듬 예비 연습

고고(Go Go) 리듬은 다양한 형태로 변형이 가능합니다. 기본 코드를 사용하여 아래 리듬을 충분히 연습해 보세요.

예비 연습 1

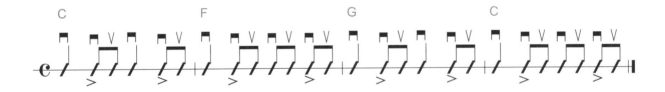

예비 연습 2

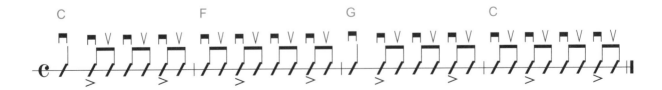

60

8 Beat 고고(Go Go) 리듬 응용 연습

개구쟁이

김창완 작사, 작곡

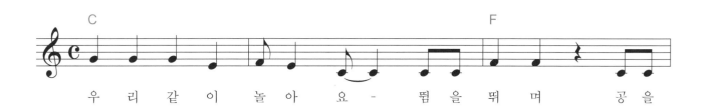

우 리 같 이 놀 아 요 - 뜀 을 뛰 며 공 을

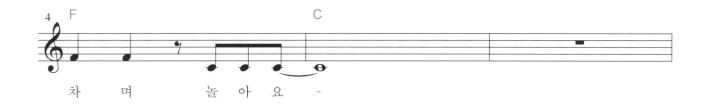

차 며 놀 아 요 -

우 리 같 이 불 러 요 - 예 쁜 노 래 고 운

노 래 불 러 요 - 개 구 쟁 이

3. 칼립소(Calypso) 리듬

칼립소 리듬은 서인도 제도의 트리니나드 섬에서 유래한 흑인들의 민속 음악으로, 그 기원은 서아프리카의 노동요에서 비롯되었습니다. 4박자의 리듬으로 당김음(Syncopation)이 있어 매우 경쾌한 주법입니다.

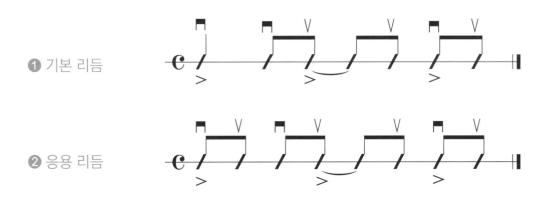

칼립소(Calypso)리듬 예비 연습

기본 코드를 사용하여 칼립소 리듬을 충분히 연습해 보세요. 스트럼 기호가 없는 위치는 다운 스트럼 하듯 실제로 줄을 튕기지 않고 손을 자연스럽게 아래로 내려줍니다.

기초 연습 1

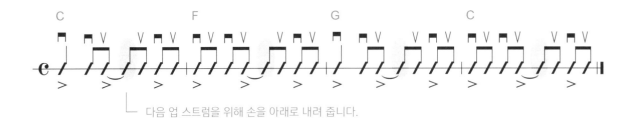

└─ 다음 업 스트럼을 위해 손을 아래로 내려 줍니다.

Tip. 알아두세요

▲ 탭(Tap) 주법 : 현(String) 또는 바디(Body)를 손바닥으로 가볍게 두드려주며 효과를 살리기
　　위해 뮤트를 시킬 수도 있습니다.

칼립소(Calypso)리듬 응용 연습

솜사탕

정근 작사 ┃ 이수인 작곡

나뭇가지에 실처럼 - 날아든솜사탕(탭 탭)

하얀눈처럼 희고도 - 깨끗한솜사탕(탭 탭)

엄마손잡고 나들이갈때 먹어본솜사탕(탭 탭)

후 후 불면은 구멍이뚫리는 커다란솜사탕(탭 탭)

4. 셔플 (Shuffle) 리듬

셔플 리듬은 1930~1940년대 미국에서 유행한 재즈 음악에서 리듬이 변형된 장르입니다. 고고 리듬과 비슷하지만 앞 음길이가 길고 뒤의 음길이가 짧은 형태를 이룹니다. 공이 바닥에 통통 튀는 느낌으로 연주하며 이러한 느낌을 바운스(Bounce)라고 합니다.

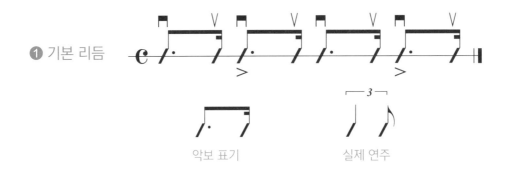

❶ 기본 리듬

악보 표기　　　　실제 연주

셔플 (Shuffle) 리듬 예비 연습

기본 셔플 리듬 이외에 아래 변형 리듬도 충분히 연습해 보세요.

기초 연습 1

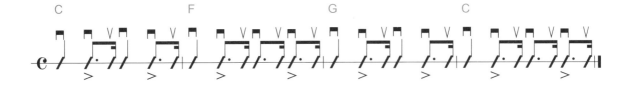

기초 연습 2

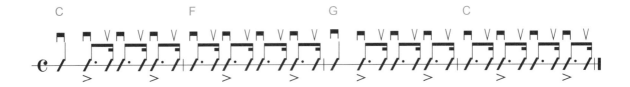

셔플(Shuffle)리듬 응용 연습

뭉게구름

이정선 작사, 작곡

5. 슬로우 고고(Slow Go Go) 리듬

슬로우 고고(Slow Go Go) 리듬은 16 Beat의 대표적 리듬입니다. 이 리듬은 고고 리듬과 마찬가지로 4박자의 가장 기본적인 리듬이며, 고고는 8 Beat를 사용하는 반면 슬로우 고고는 16 Beat를 사용하여 느린템포의 곡, 부드러운 곡에 주로 사용하는 주법입니다. 여러 리듬 형태로 변형이 가능합니다.

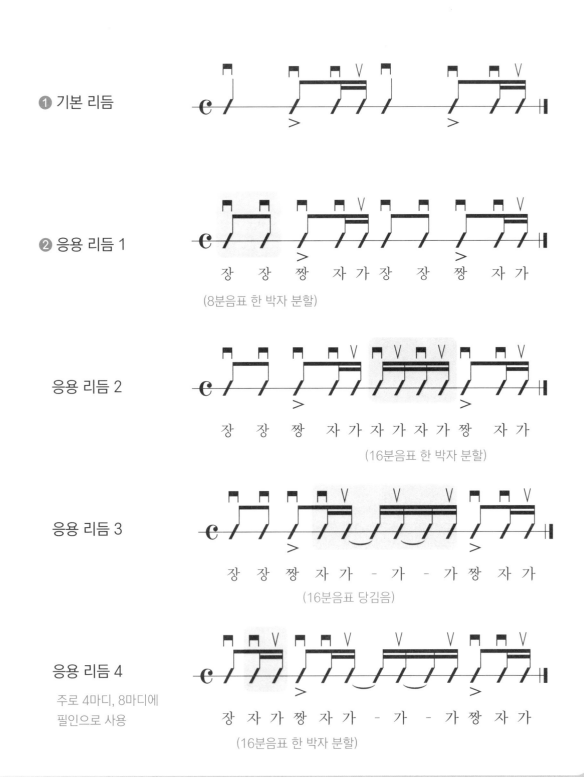

❶ 기본 리듬

❷ 응용 리듬 1

장 장 짱 자 가 장 장 짱 자 가

(8분음표 한 박자 분할)

응용 리듬 2

장 장 짱 자 가 자 가 자 가 짱 자 가

(16분음표 한 박자 분할)

응용 리듬 3

장 장 짱 자 가 - 가 - 가 짱 자 가

(16분음표 당김음)

응용 리듬 4

주로 4마디, 8마디에
필인으로 사용

장 자 가 짱 자 가 - 가 - 가 짱 자 가

(16분음표 한 박자 분할)

슬로우 고고(Slow Go Go)리듬 응용 연습

밤하늘의 별을(2020)

강봄 작사, 작곡

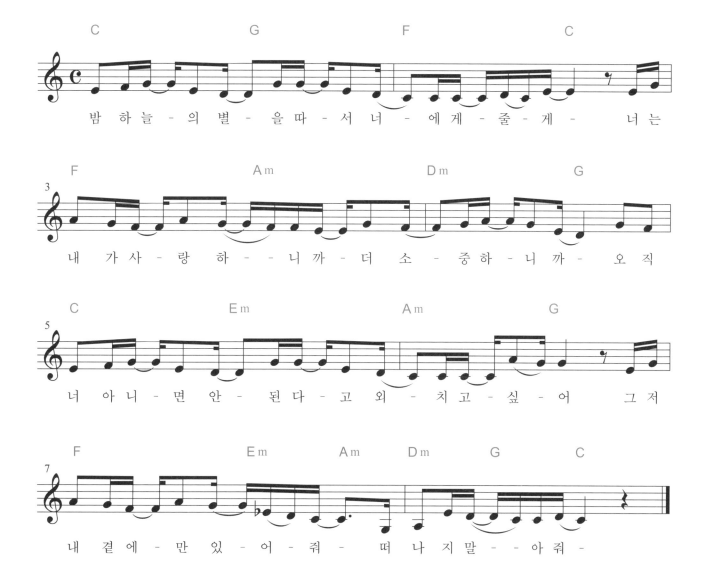

6. 3박 계열 리듬

3박 계열에서 가장 많이 사용하는 리듬은 왈츠(Waltz)이며 느린 6박자 음악에 사용되기도 합니다.
왈츠는 3박자의 경쾌한 춤곡입니다. 한아고의 가볍고 귀여운 음색은 왈츠에 잘 어울리기도 합니다.
$\frac{6}{8}$박자의 곡은 두 마디를 하나의 패턴으로 사용합니다.

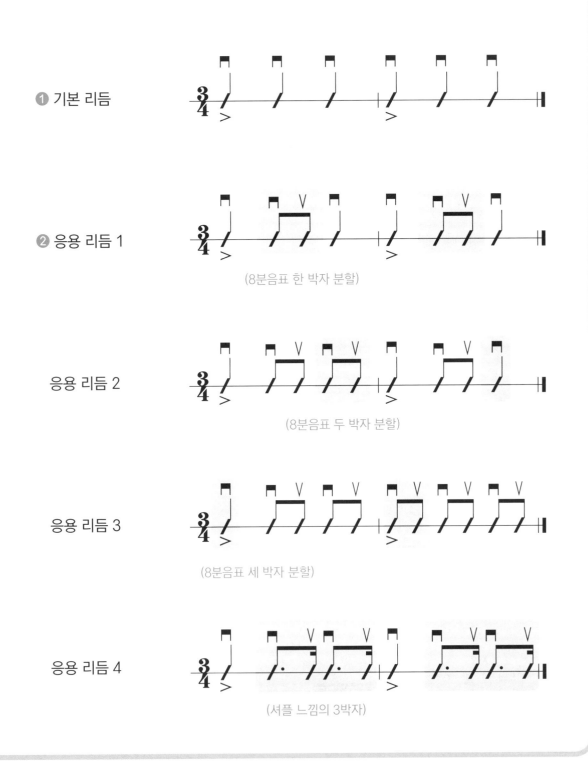

Part 5

기타하프 한아고 실전 연주

Strum & Rhythm

스트럼 자세와 고고, 칼립소, 셔플, 슬로우 고고 리듬을 통해 다양한
응용곡을 연주하고 실전 연주에 적용해 보세요.

LET'S PLAY!!

엄마 돼지 아기 돼지

박홍근 작사 | 김규환 작곡

올챙이와 개구리

윤현진 작사, 작곡

사용된 코드	사용된 주법
C	
F	고고
G	

개 울 가 - 에   올 챙 이 한 마 리   꼬 물 꼬 물 헤 엄 치 다

뒷 다 리 가 쑥   앞 다 리 가 쑥   팔 딱 팔 딱 개 구 리 됐 네

꼬 물 꼬 물 꼬 물 꼬 물 꼬 물 꼬 물 올 챙 이 가

뒷 다 리 가 쑥   앞 다 리 가 쑥   팔 딱 팔 딱 개 구 리 됐 네

그대로 멈춰라

김방옥 작사, 작곡

멋쟁이 토마토

김영광 작사, 작곡

사용된 코드

C
F
G

사용된 주법

고고

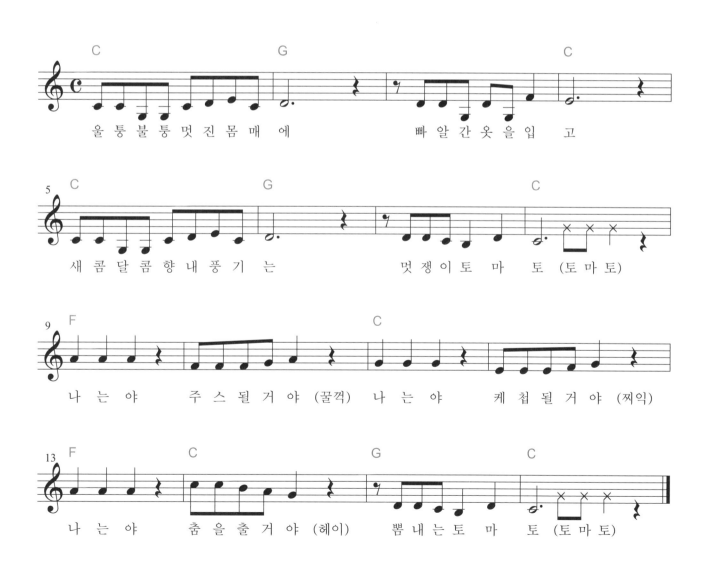

울퉁불퉁멋진몸매에 빠알간옷을입 고

새콤달콤향내풍기 는 멋쟁이토 마 토 (토마토)

나 는 야 주스될거야 (꿀꺽) 나 는 야 케첩될거야 (찌익)

나 는 야 춤을출거야 (헤이) 뽐내는토 마 토 (토마토)

아빠 힘내세요

권연순 작사 ┃ 한수성 작곡

딩 동 댕 초인종 소리에 - 얼른 문을 - 열었더니 그토록

기 다 리던 아 빠가 - 문앞에 - 서 계셨죠

너 무 나 반가워 웃 으며 - 아빠하고 - 불렀는데 어쩐지

작은 동물원

김성균 작사, 작곡

사용된 코드	사용된 주법

C
F
G

고고 4/4

삐약 삐약 병아리 음메 음메 송아지

따당 따당 사냥꾼 뒤뚱 뒤뚱 물오리

푸 푸 개-구리- 집게집게집 게가 - -재-

푸르르르르 르르물 풀 하나 둘셋 넷 소 라

조개 껍질 묶어

윤형주 작사, 작곡

사용된 코드　　　　　　　　　　사용된 주법

C

F　　　　　Dm

G

칼립소

조 개 껍질묶어 - 　그 녀의목에걸고 -

물 가에마주앉아 - 　밤 새 속삭이네 -

저 멀리달그림자 - 　시 원한파도소리 -

여 름밤은깊어만가고　잠 은 오질않네 -

연가

이명원 작사 | 변혁 작곡

사용된 코드	사용된 주법

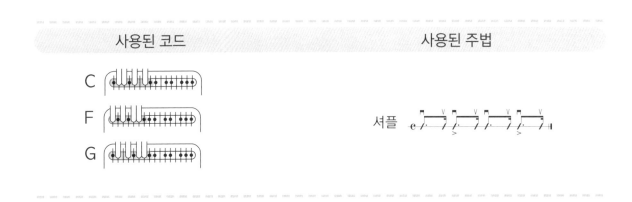

꼬부랑 할머니

한태근 작사, 작곡

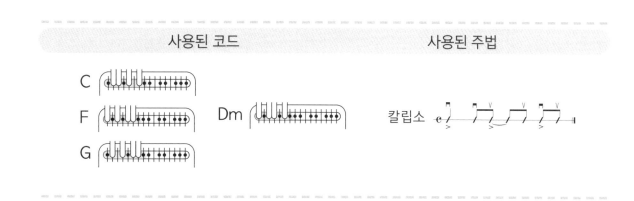

사용된 코드   사용된 주법

C   F   Dm   G   칼립소

꼬 부랑 할머니 가   꼬 부랑 고갯길 을

꼬 부랑 꼬부 랑   넘 어가 고있 네

꼬 부랑 꼬부 - 랑   꼬 부랑 꼬부 - 랑

고 개는 열두고 개 - 고개를 고 개를 넘 어간 다

도레미 송

오스카 해머스타인 2세 작사 | 리처드 로저스 작곡

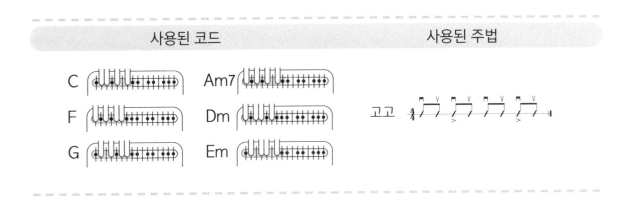

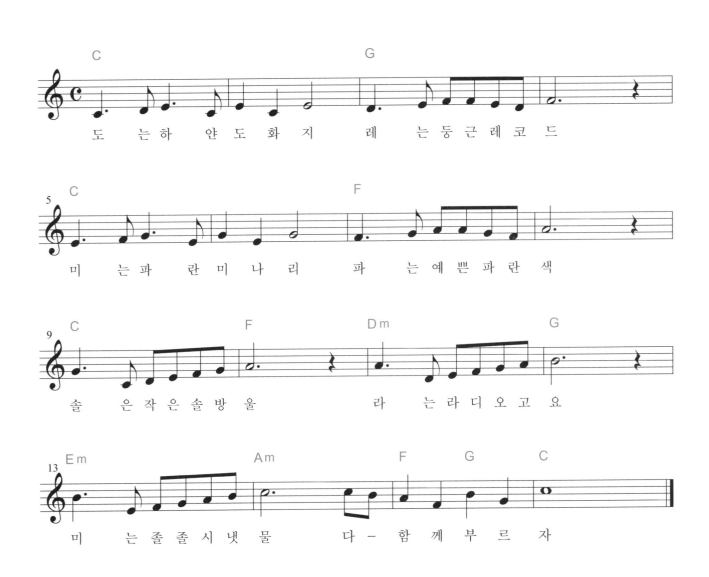

또 만나요

오세은 작사, 작곡

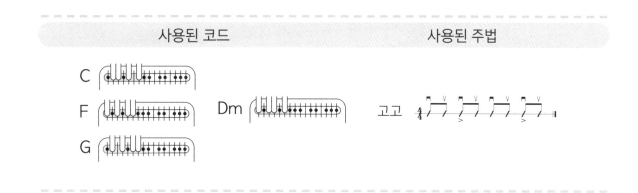

이제는 우리가 헤어져야할시간 다음에또 만나 요

이제는 우리가 헤어져야할시간 다음에또 만나 요

헤어지는마음이야 아쉬웁지만 웃으면서헤 어져 요

다음에또만날날을 약속하면서 이제그만헤 어져 요

베이비 샤크

외국 동요

사용된 코드

C Am
F
G

사용된 주법

고고 $\frac{4}{4}$

코끼리 아저씨

변규만 작사, 작곡

사용된 코드	사용된 주법

화 창한봄날 에   코 끼리아저씨 가

가 랑 잎 타 고 서   태 평 양 건 너 갈 때 에

고 래 아가 씨   코 끼 리 아 저 씨 보 고

첫 눈 에 반 해   웃 음 지 으 며 손 짓 했 대 요

케로로 행진곡

석종서 작사 | 이용민 작곡

케 로 케 로 케 로 케 로 힘 차 게

케 로 케 로 케 로 나 가 자 우 리

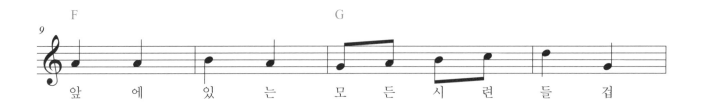

앞 에 있 는 모 든 시 련 들 겁

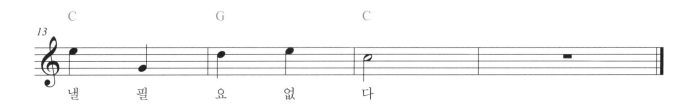

낼 필 요 없 다

뽀롱뽀롱 뽀로로

최종일 작사 | 박희준 작곡

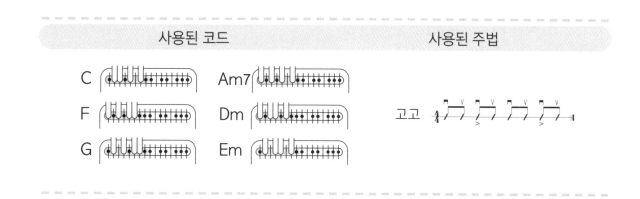

노 는 게 제일 좋 아   친 구 들 모 여 라

언 제 나   즐 거 워   개 구 쟁 이 뽀 로 로

눈 덮 인 숲 속 마 을   꼬 마 펭 귄   나 가 신 다

언 제 나   즐 거 워   오 늘 은 또 무 슨 일 이 생 길 까

우유송

김주희 작사 | 조형섭 작곡

사용된 코드	사용된 주법

F   Dm

Bb

C

고고

F key(바장조)곡을 연주할 때는 가장 아래 시(B)를 시플랫(B♭)으로 반음 낮춰서 튜닝 해주어야 코드다이어그램이 맞게
됩니다.

콜 라 싫 어 싫 어   홍 차 싫 어 싫 어   새 카 만 커 피   오   노

핫 초 코 싫 어 싫 어   사 이 다 싫 어 싫 어   새 하 얀 우 유   오   예스

맛 좋 고 색 깔 도 좋 고 영 양 도 최 고   깔 끔 한 내 입 맛 엔 우 유 가 딱 이 야

단 백 질 칼 슘 도 왕 비 타 민 가 득   건 강 한 내 입 맛 엔 우 유 가 딱 이 야

우 유 좋 아 우 유   좋 아

우 유 주 세 요 다 주 세 요 우 유   좋 아

우 유 가 좋 아 세 상 에 서 제 일 좋 아 -

런던 브릿지 London Bridge is Falling Down

영국 민요

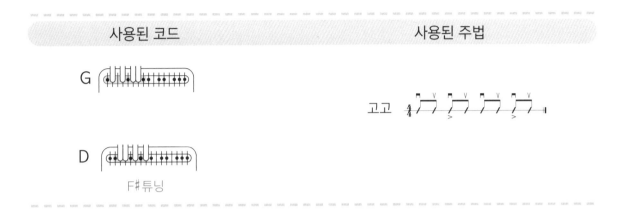

사용된 코드	사용된 주법
G	
D	고고
F#튜닝	

G key(사장조)곡을 연주할 때는 1옥타브의 파(F)를 반음 올려서 파#(F#) 튜닝을 해줘야 코드 모양이 다이어그램과 같게 됩니다.

개구리 노총각

김남철 작사 | 김은광 작곡

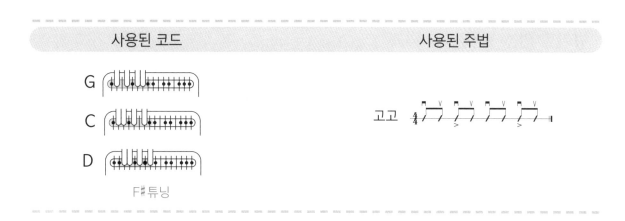

G key(사장조)곡을 연주할 때는 1옥타브의 파(F)를 반음 올려서 파#(F#) 튜닝을 해줘야 코드 모양이 다이어그램과 같게 됩니다.

할아버지의 낡은 시계

헨리 클레이 워크 작곡

핑거링 연주 팁(TIP)

손가락 기호 엄지(p)와 중지(m), 검지(i)와 약지(a)가 화음을 이루어 번갈아 가며 연습합니다. 화음이 나올 때 아르페지오로 연주해 보세요. 아래 제시한 손가락 기호는 연주자의 역량에 맞추어 바꿔서 연주해도 됩니다.

시대를 초월한 마음

Wada Kaoru 작곡

핑거링 연주 팁(TIP)

손가락 기호 엄지(p)와 중지(m), 검지(i)와 약지(a)가 화음을 이루어 번갈아 가며 연습니다. 화음이 나올 때 아르페지오로 연주해 보세요. 아래 제시한 손가락 기호는 연주자의 역량에 맞추어 바꿔서 연주해도 됩니다.

언제나 몇 번이라도

히사이시 조 작곡

핑거링 연주 팁(TIP)

손가락 기호(p i m a)에 맞추어 오른손 핑거링 연습을 하고 아티큘레이션 표현을 위해 왼손의 컷팅 및 뮤트를 활용하세요. 코드가 바뀌는 곳에서 불협화음을 최소화시키는 연습이 필요합니다. 표시되어 있는 손가락 기호는 연주자의 역량에 맞추어 바꿔서 연주해도 됩니다.

바다가 보이는 마을

히사이시 조 작곡

핑거링 연주 팁(TIP)

손가락 번호(p i m a)에 맞추어 오른손 핑거링 연습을 하고 왼손의 컷팅 및 뮤트를 활용하여 음악적으로 풍성한 연주를 하세요. 특히 반음 연주시 엄지 또는 검지 손가락을 평평하게 해서 프렛을 눌러주세요. 손가락을 세우면 아플 수 있습니다. 왼손 손가락에는 띰블(골무)을 사용하셔도 됩니다.

월량대표아적심

윙칭시 작곡

핑거링 연주 팁(TIP)

2중주 연습입니다. 아래 화음을 최대한 부드럽게 핑거링하며 선율은 코드가 바뀔 때 불협화음의
간섭을 최대한 줄이며 연주하면 더욱 아름다운 화음 연주가 됩니다.

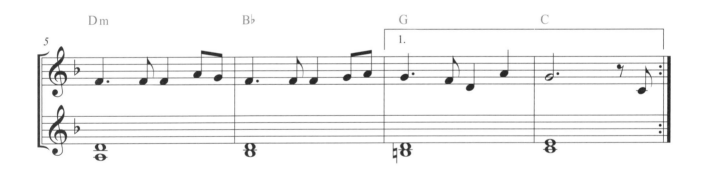

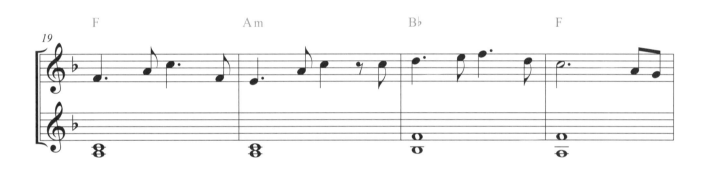

··· 저자 **양강석** (악기교육 전문가)

- 서울사이버대학교 음악치료학과 대우교수
- (사)한국오카리나협회, 한국우쿨렐레음악교육협회 회장
- (주)아마빌레뮤직 대표이사
- 양강석의 악기튜브(유튜버 구독자 5만)

 - 오카리나, 우쿨렐레, 킹플루트, 팬플루트 등 15권 이상 교본 출간
 - **국내 최초** 오카리나 연주 앨범 '내 영혼의 멜로디' 외 8집 음반 발표
 - SBS 라디오 '아름다운 이 아침, 김창완입니다.' 외
   KBS, MBC, CBS, CTS 등 방송활동

교본 자세 모델 : 김호유(중앙기독초등학교 3학년)

초판 발행일 2024년 11월 20일

편저 양강석
발행인 최우진
편집·디자인 편집부

발행처 그래서음악(somusic)
출판등록 2020년 6월 11일 제 2020-000060호
주소 (본사) 경기도 성남시 분당구 정자일로 177
     (연구소) 서울시 서초구 방배4동 1426
전화 031-623-5231 팩스 031-990-6970
이메일 book@somusic.co.kr

ISBN 979-11-93978-40-5(13670)